Impressum
Verlag: BABADADA GmbH, Nedderfeld 112 , 22529 Hamburg
Geschäftsführer / Verlagsleitung: Harald Hof
Druck: Books on Demand GmbH, In de Tarpen 42, 22848 Norderstedt

Imprint
Publisher: BABADADA GmbH, Nedderfeld 112 , 22529 Hamburg, Germany
Managing Director / Publishing direction: Harald Hof
Print: Books on Demand GmbH, In de Tarpen 42, 22848 Norderstedt, Germany

学校

школа

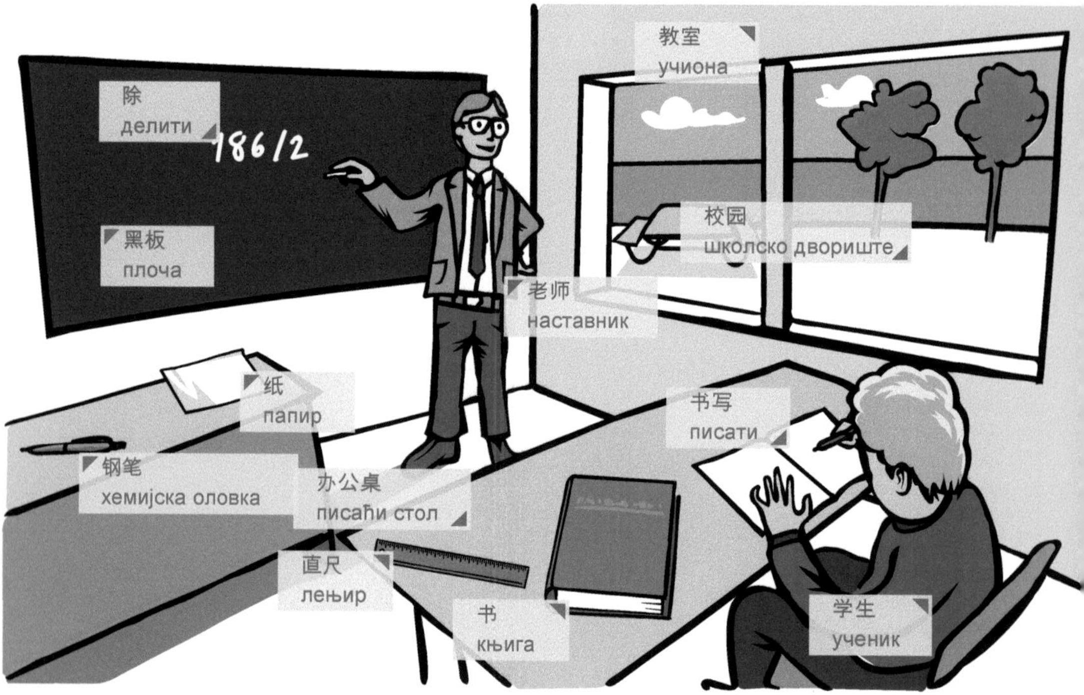
教室
учиона
除
делити
186/2
黑板
плоча
校园
школско двориште
老师
наставник
纸
папир
书写
писати
钢笔
хемијска оловка
办公桌
писаћи стол
直尺
лењир
书
књига
学生
ученик

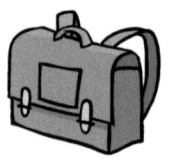

书包

торба

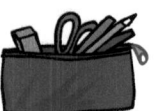

铅笔盒

перница

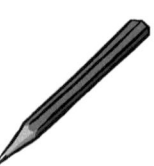

铅笔

графитна оловка

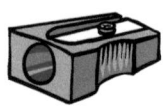

卷笔刀

шиљило за оловке

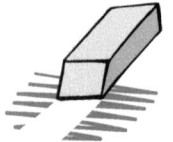

橡皮擦

гумица за брисање

画板

блок за цртање

图画
цртеж

画笔
кист

颜料盒
кутија са бојама

剪刀
маказе

胶水
лепило

练习册
бележница

家庭作业
домаћи задатак

12

数字
број

2+2

加
сабирати

5-2

减
одузимати

2×2

乘
множити

计算
рачунати

A

字母
слово

ABCDEFG
HIJKLMN
OPQRSTU
VWXYZ

字母表
абецеда

hello

字
реч

课文

текст

读

читати

粉笔

креда

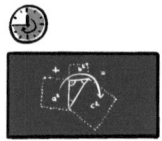

上课

час

登记

дневник

考试

испит

证书

сведочанство

校服

школска униформа

教育

образование

百科全书

лексикон

大学

универзитет

显微镜

микроскоп

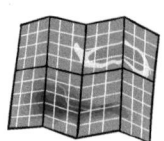

地图

карта

废纸筐

кошара за папир

旅行

путовање

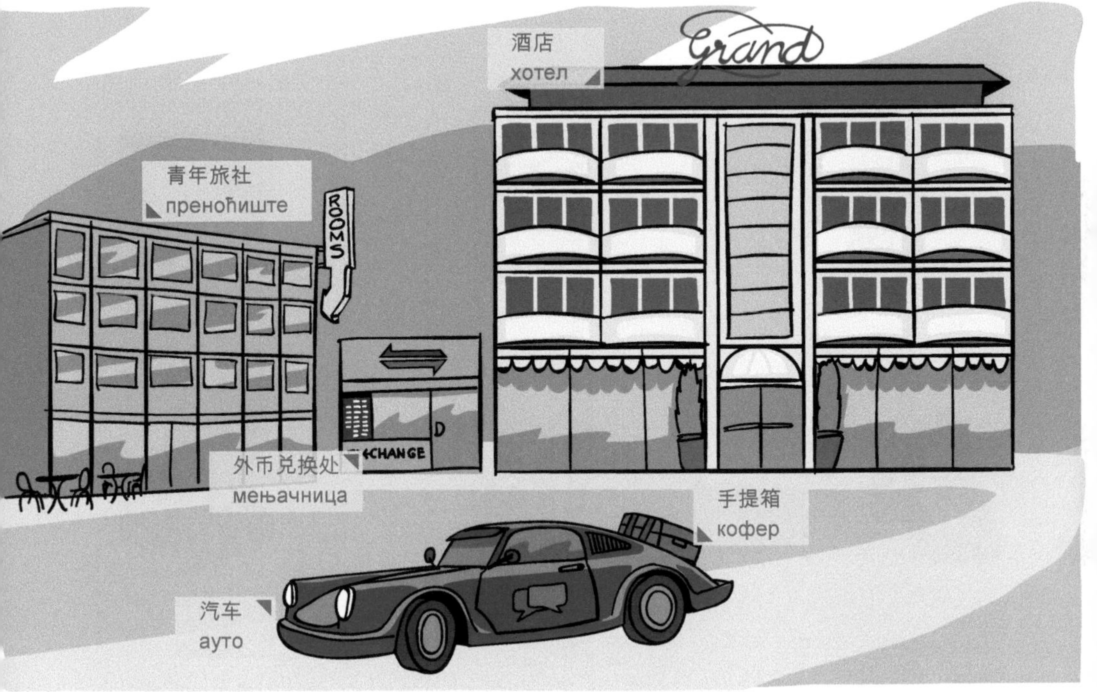

酒店
хотел
Grand
青年旅社
преноћиште
ROOMS
外币兑换处
мењачница
CHANGE
手提箱
кофер
汽车
ауто

语言

језик

是/否

да / не

好的

океј

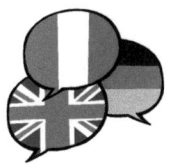

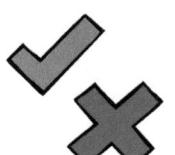

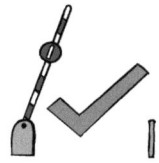

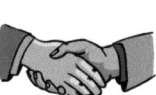

您好

здраво

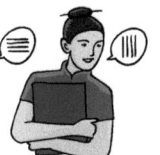

翻译员

преводилац

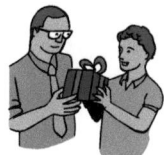

谢谢

хвала

......多少钱？

Колико кошта...?

我不明白

не разумем

问题

проблем

晚上好！

добро вече!

早上好！

Добро јутро!

晚安！

Лаку ноћ!

再见

довиђења

方向

смер

行李

пртљага

包

торба

双肩包

руксак

客人

гост

房间

соба

睡袋

врећа за спавање

帐篷

шатор

旅游信息

туристичке информације

海滩

плажа

信用卡

кредитна картица

早餐

доручак

午餐

ручак

晚餐

вечера

票

карта за вожњу

电梯

лифт

邮票

поштанска маркица

边界

граница

海关

царина

大使馆

амбасада

签证

виза

护照

пасош

交通运输

транспорт

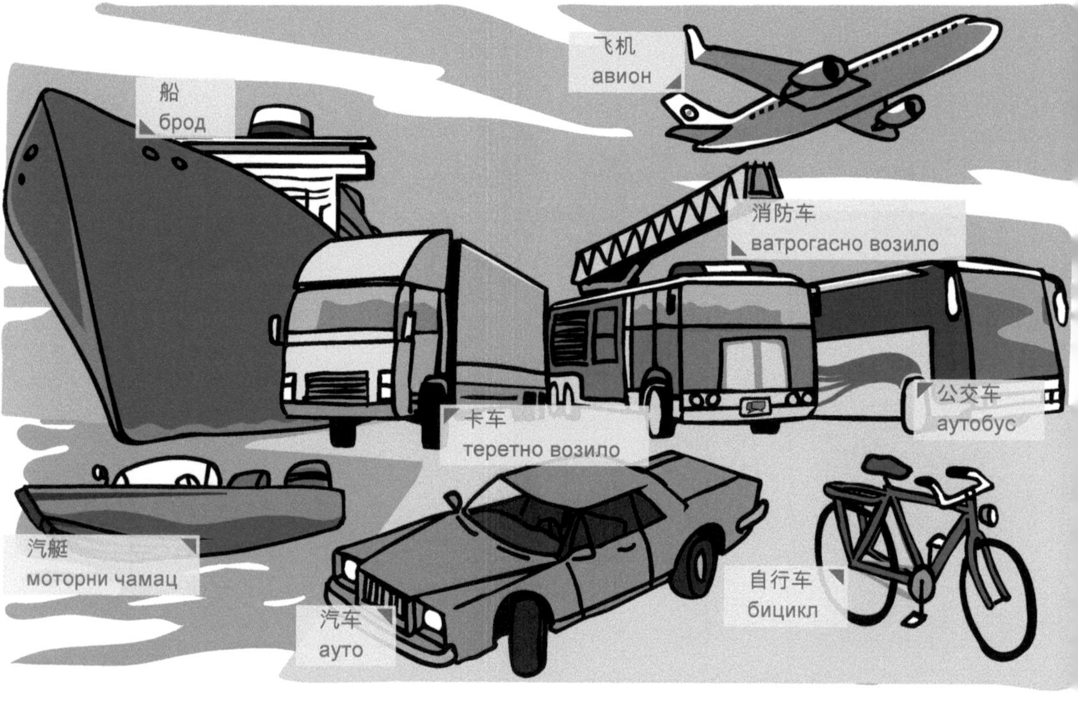
飞机
авион
船
брод
消防车
ватрогасно возило
公交车
аутобус
卡车
теретно возило
汽艇
моторни чамац
自行车
бицикл
汽车
ауто

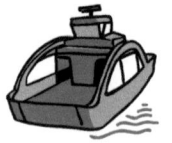

摆渡船

трајект

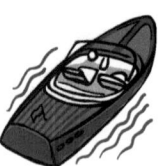

小船

чамац

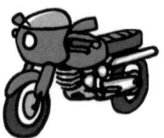

摩托车

мотоцикл

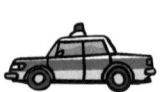

警车

полицијски ауто

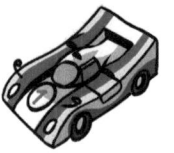

赛车

тркаћи ауто

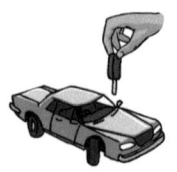

租车

изнајмљено ауто

拼车

делење аутомобила

拖车

вучно возило

垃圾车

возило за одвоз смећа

发动机

мотор

汽油

бензин

加油站

бензинска станица

交通标志

саобраћајни знак

交通

саобраћај

交通堵塞

застој

停车场

паркиралиште

火车站

железничка станица

轨道

шине

火车

воз

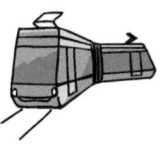

电车

трамвај

货车

вагон

直升机

хеликоптер

机场

аеродром

塔

кула

乘客

путник

集装箱

контејнер

纸板箱

картон

手推车

колица

篮子

корпа

起飞/降落

узлетети / слетети

城市

град

村庄

село

市中心

центар града

房子

кућа

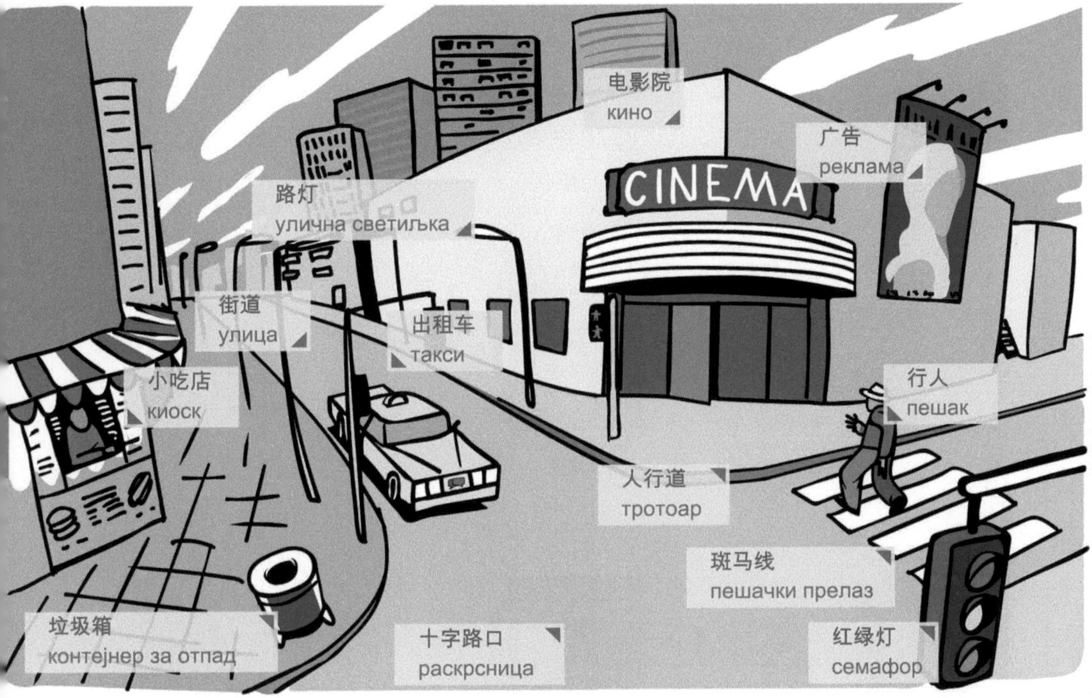

电影院
кино
广告
реклама
CINEMA
路灯
улична светиљка
街道
улица
出租车
такси
小吃店
киоск
行人
пешак
人行道
тротоар
斑马线
пешачки прелаз
垃圾箱
контејнер за отпад
十字路口
раскрсница
红绿灯
семафор

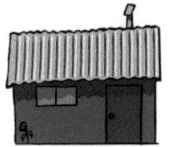

小屋

колиба

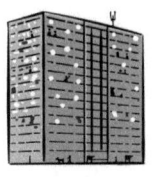

公寓

стан

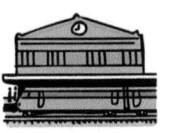

火车站

железничка станица

市政厅

већница

MUSEUM

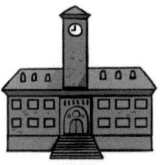

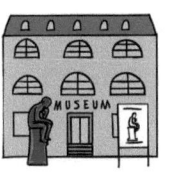

博物馆

музеј

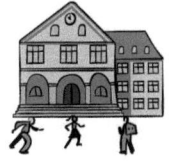

学校

школа

大学

универзитет

银行

банка

医院

болница

酒店

хотел

药房

апотека

办公室

канцеларија

书店

књижара

商店

продавница

花店

цвећара

超市

супермаркет

市场

трг

百货商店

робна кућа

鱼店

рибарница

购物中心

трговачки центар

海港

лука

公园

парк

长凳

клупа

桥

мост

楼梯

степенице

地铁

подземна железница

隧道

тунел

公交车站

аутобуска станица

酒吧

бар

餐馆

ресторан

邮筒

поштанско сандуче

路标

улични знак

停车计时器

паркирни аутомат

动物园

зоолошки врт

游泳馆

базен

清真寺

џамија

农场

сеоско газдинство

污染

загађење околине

墓地

гробље

教堂

црква

操场

игралиште

寺庙

храм

地形

пејсаж

树叶
лист

指示牌
путоказ

路
пут

草地
ливада

石头
камен

徒步旅行者
шетач

树
дрво

河
река

草
трава

花
цвет

峡谷

долина

山

планина

湖

језеро

森林

шума

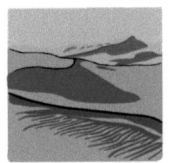

沙漠

пустиња

火山

вулкан

城堡

дворац

彩虹

дуга

蘑菇

гљива

棕榈树

палма

蚊子

москито

苍蝇

мува

蚂蚁

мрав

蜜蜂

пчела

蜘蛛

паук

甲虫
буба

青蛙
жаба

松鼠
веверица

刺猬
јеж

野兔
зец

猫头鹰
сова

鸟
птица

天鹅
лабуд

野猪
дивља свиња

鹿
јелен

麋鹿
лос

水坝
насип

风力发电机
ветрењача

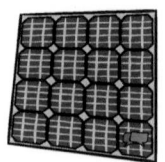

太阳能电池板
соларна плоча

气候
клима

餐馆

ресторан

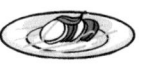

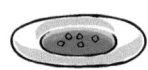

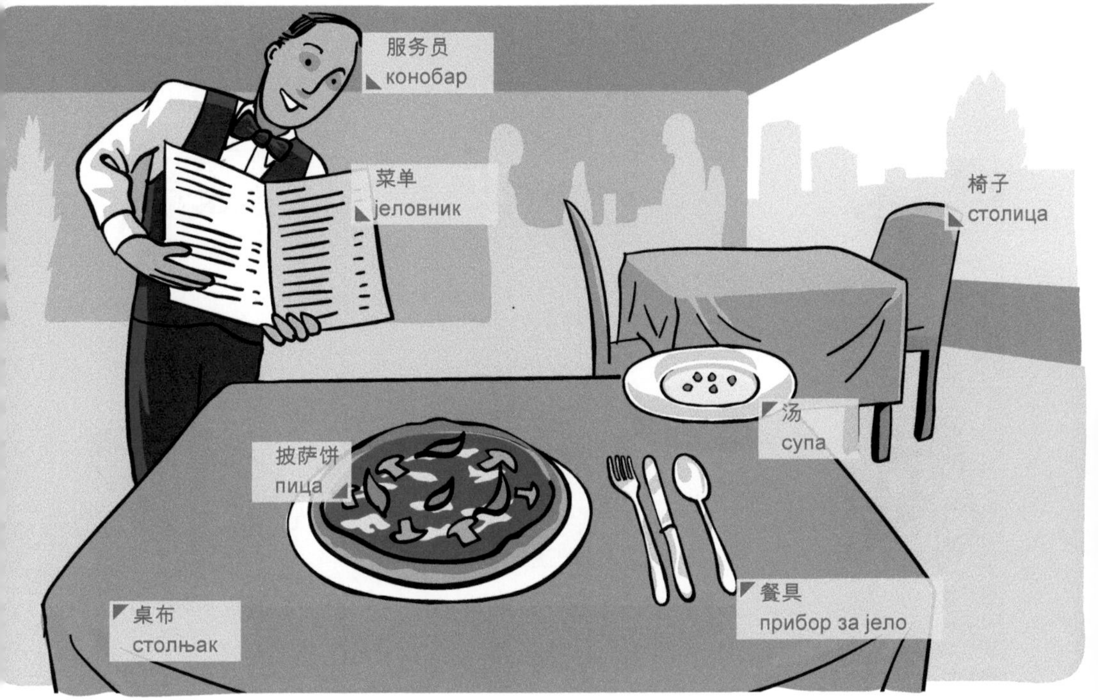

服务员
конобар
菜单
јеловник
椅子
столица
汤
супа
披萨饼
пица
餐具
прибор за јело
桌布
стољњак

前菜

предјело

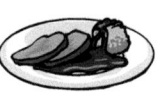

主菜

главно јело

甜点

десерт

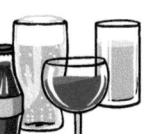

饮料

напитци

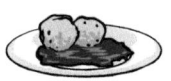

食物

јело

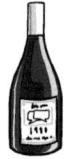

瓶子

флаша

快餐

брза храна

街边小吃

имбис храна

茶壶

чајник

糖盒

доза за шећер

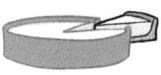

一份饭菜

порција

意式咖啡机

апарат за еспресо

高脚椅

висока столица

账单

рачун

托盘

послужавник

刀

нож

餐叉

виљушка

勺子

кашика

茶匙

чајна кашика

餐巾

салвета

玻璃杯

чаша

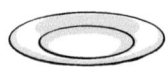

碟子
....
тањир

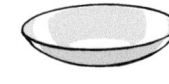

汤盘
....
тањир за супу

碟子
....
тањирић

酱
....
сос

盐瓶
....
сољенка

胡椒磨
....
млин за бибер

醋
....
сирће

食用油
....
уље

调味料
....
зачини

番茄酱
....
кечап

芥末
....
сенф

蛋黄酱
....
мајонеза

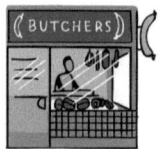

超市

супермаркет

特价
понуда
FOR
顾客
купац
乳制品
млечни производи
水果
воће
购物车
колица за куповину

BUTCHERS

肉铺

месница

BAKERY

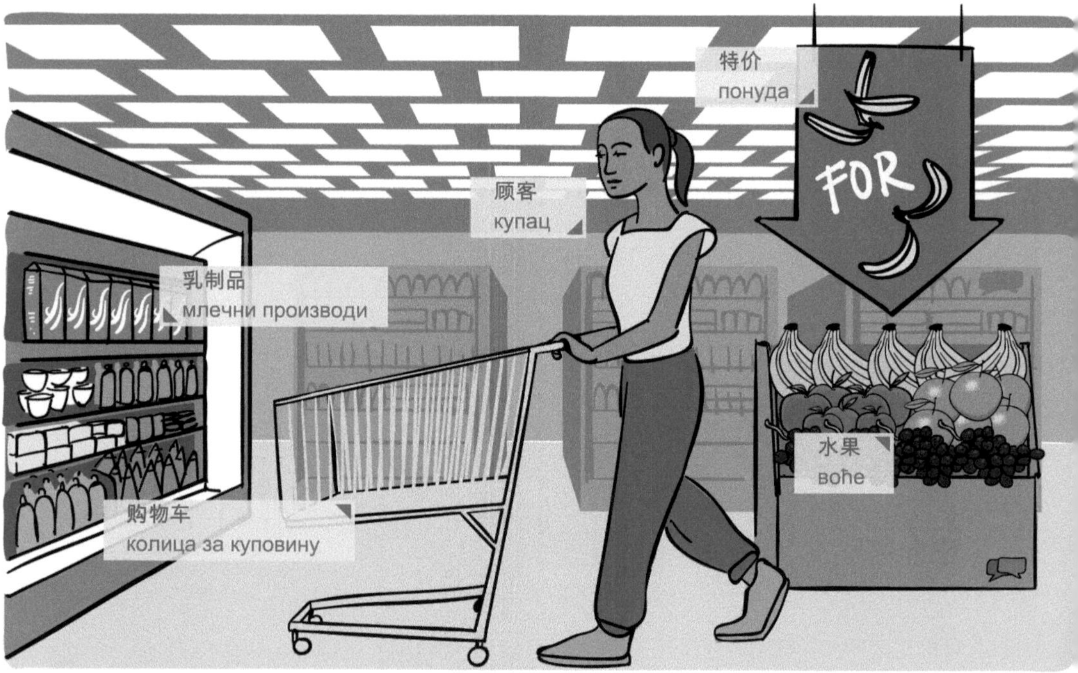

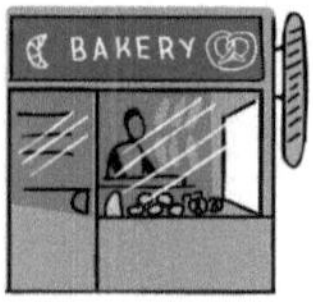

面包房

пекара

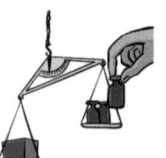

称重

вагати

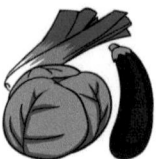

蔬菜

поврће

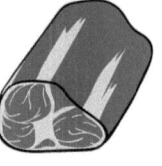

肉

месо

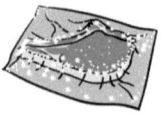

冷冻食品

смрзнута храна

冷盘

нарезак

罐头食品

конзерве

洗衣粉

средство за прање

甜食

слаткиши

日用品

артикли за домаћинство

清洁用品

средства за чишћење

销售员

продавачица

收银机

благајна

收银员

благајник

购物清单

листа за куповину

开放时间

време рада

钱包

новчаник

信用卡

кредитна картица

袋子

торба

塑料袋

пластична кеса

水

вода

果汁

сок

牛奶

млеко

可乐

кола

红酒

вино

啤酒

пиво

酒

алкохол

可可

какао

茶

чај

咖啡

кава

意式浓缩咖啡

еспресо

卡布奇诺

капућино

香蕉

банана

苹果

јабука

橙子

наранџа

西瓜

лубеница

柠檬

лимун

胡萝卜

шаргарепа

大蒜

бели лук

竹子

бамбус

洋葱

лук

蘑菇

гљива

坚果

орашасти плодови

面条

резанци

意大利面条

шпагете

米饭

рижа

沙拉

салата

薯条

помфрит

炸土豆

печени крумпир

披萨饼

пица

汉堡包

хамбургер

三明治

сендвич

炸猪排

шницла

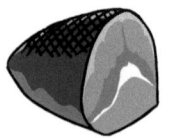

火腿

шунка

萨拉米

салама

香肠

кобасица

鸡肉

кокош

烤肉

печење

鱼

риба

燕麦片

зобене пахуљице

穆兹利

мусли

玉米片

кукурузне пахуљице

面粉

брашно

羊角面包

кроасан

面包卷

пециво

面包

хлеб

烤面包

тоаст

饼干

кекси

黄油

маслац

凝乳

свежи сир

蛋糕

колач

蛋

jaje

煎蛋

jaje на око

奶酪

сир

食物 - jelo

冰激凌

сладолед

糖

шећер

蜂蜜

мед

果酱

мармелада

巧克力酱

нугат крема

咖喱饭

кари

农场

сеоско газдинство

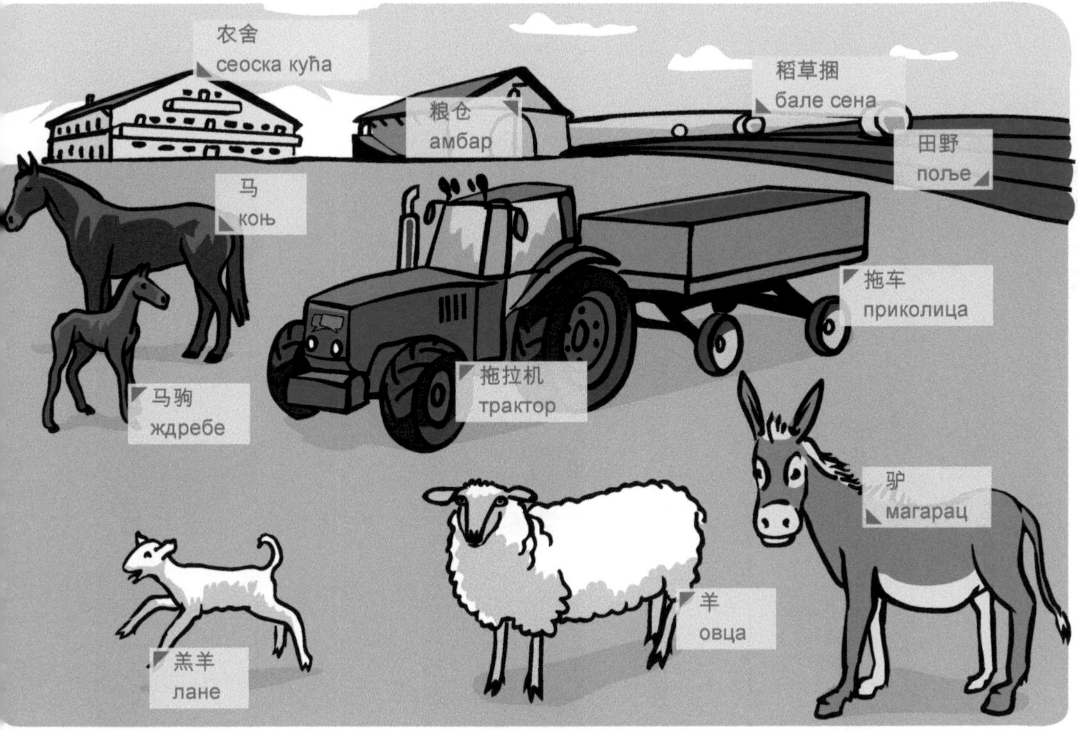
农舍
сеоска кућа
稻草捆
бале сена
粮仓
амбар
田野
поље
马
коњ
拖车
приколица
拖拉机
трактор
马驹
ждребе
驴
магарац
羊
овца
羔羊
лане

山羊

коза

奶牛

крава

牛犊

теле

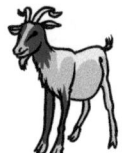

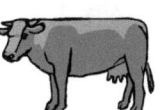

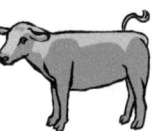

猪

свиња

小猪

прасе

公牛

бик

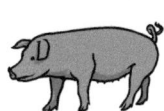

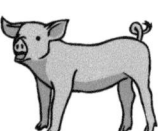

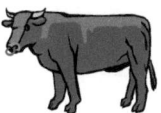

鹅

гуска

鸭

патка

小鸡

пилићи

母鸡

кокош

公鸡

петао

鼠

пацов

猫

мачка

老鼠

миш

牛

вол

狗

пас

狗屋

кућица за пса

花园浇水软管

вртно црево

洒水壶

канта за поливање

长柄大镰刀

коса

犁

плуг

镰刀

срп

锄头

мотика

长柄草耙

виљушка за ђубриво

斧头

секира

独轮手推车

тачке

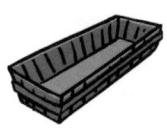

饲料槽

корито

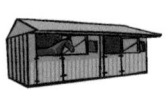

牛奶罐

посуда за млеко

麻布袋

врећа

栅栏

ограда

马厩

штала

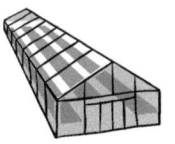

温室

стакленик

土壤

земља

种子

семе

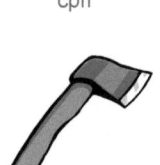

肥料

ђубриво

联合收割机

комбајн

收割

жети

收割

жетва

山药

јамс зачин

小麦

пшеница

大豆

соја

土豆

крумпир

玉米

кукуруз

油菜籽

уљана репица

果树

воћка

树薯

гомољ маниоке

谷物

житарице

房子

кућа

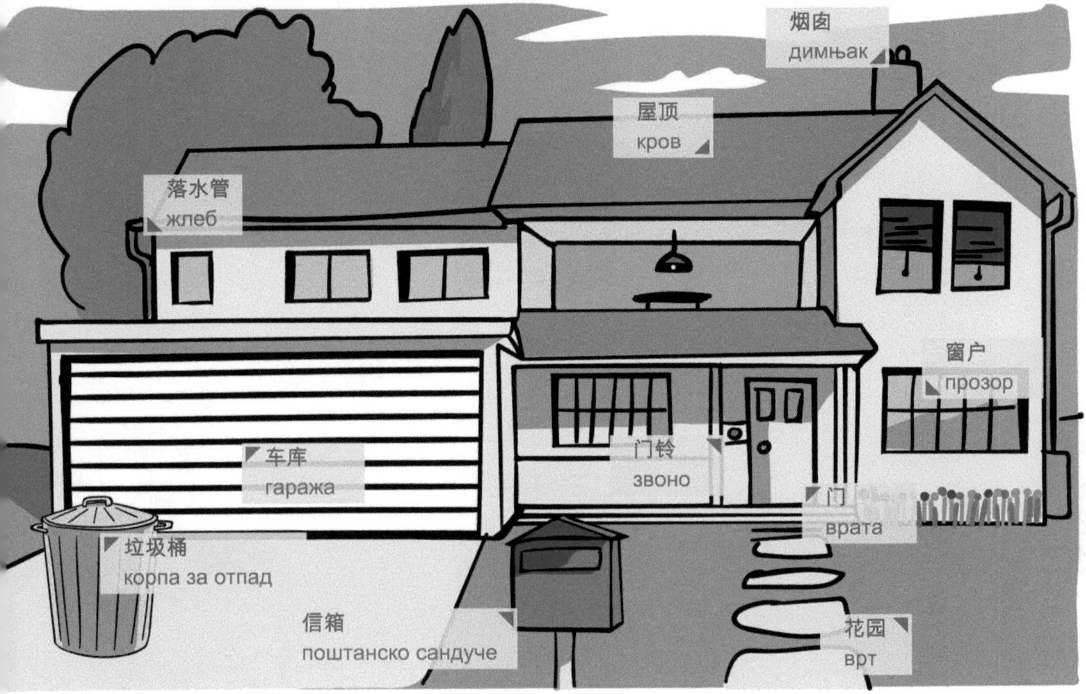
烟囱
димњак
屋顶
кров
落水管
жлеб
窗户
прозор
车库
гаража
门铃
звоно
门
врата
垃圾桶
корпа за отпад
信箱
поштанско сандуче
花园
врт

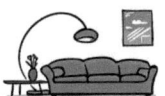

客厅

дневна соба

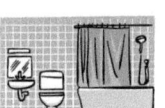

浴室

купаоница

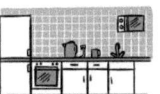

厨房

кухиња

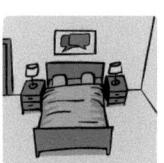

卧室

спаваћа соба

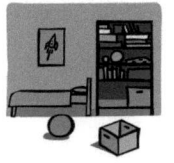

儿童房

дечија соба

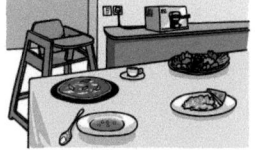

餐厅

трпезарија

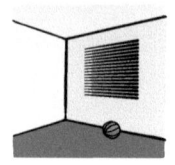

地板

под

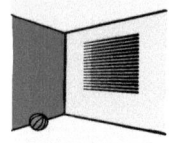

墙壁

зид

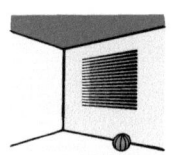

吊顶

строп

地窖

подрум

桑拿

сауна

阳台

балкон

露台

тераса

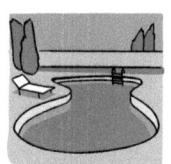

游泳池

базен

割草机

косилица за траву

被单

постељина за кревет

床罩

дека за кревет

床

кревет

扫帚

метла

水桶

канта

开关

прекидач

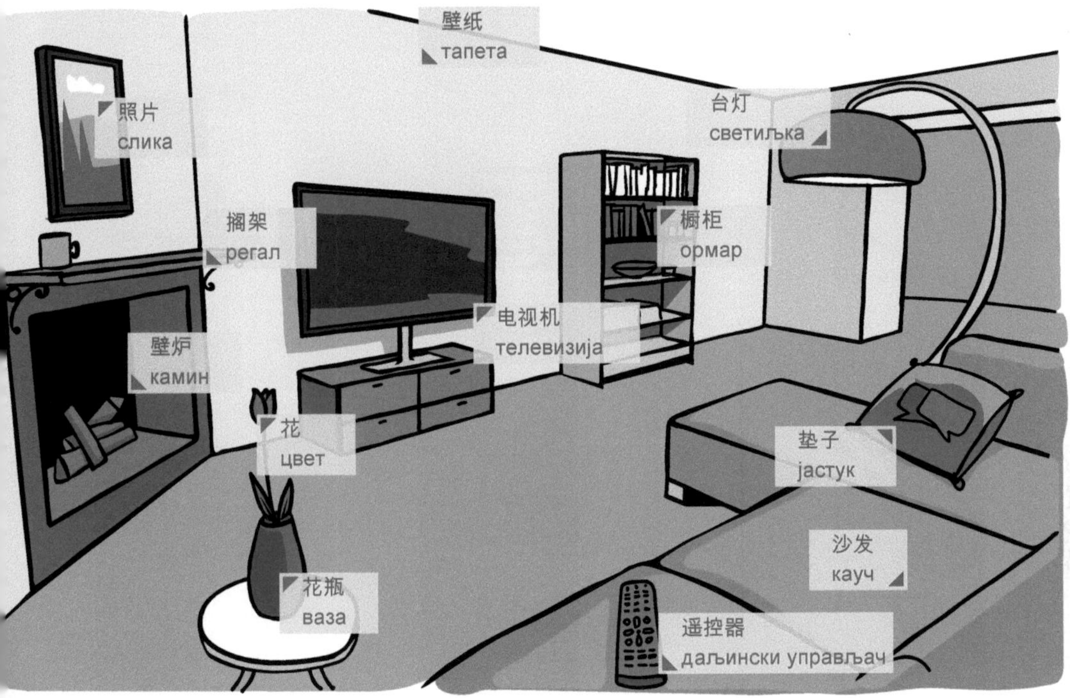

壁纸
тапета

照片
слика

台灯
светиљка

搁架
регал

橱柜
ормар

壁炉
камин

电视机
телевизија

花
цвет

垫子
јастук

花瓶
ваза

沙发
кауч

遥控器
даљински управљач

地毯

тепих

窗帘

завеса

餐桌

сто

椅子

столица

摇椅

столица за њихање

扶手椅

фотеља

书

књига

毯子

дека

装饰品

декорација

木柴

дрво за огрев

电影

филм

高保真音响

хи-фи уређај

钥匙

кључ

报纸

новине

油画

слика на платну

海报

постер

收音机

радио

笔记本

блок за писање

吸尘器

усисивач

仙人掌

кактус

蜡烛

свећа

厨房

кухиња

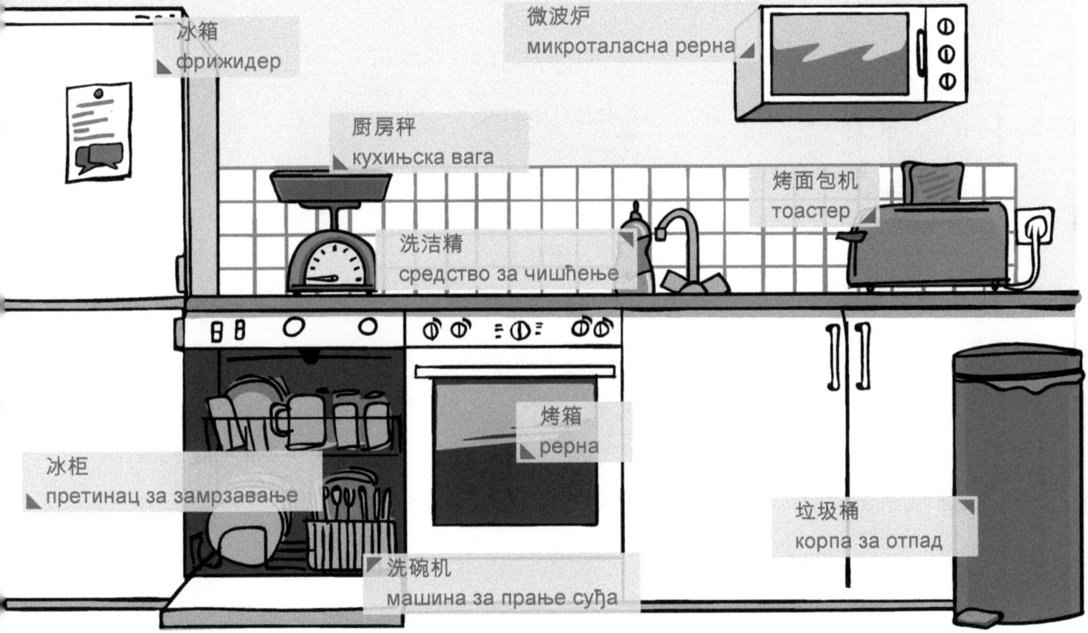

冰箱
фрижидер
微波炉
микроталасна рерна
厨房秤
кухињска вага
烤面包机
тоастер
洗洁精
средство за чишћење
烤箱
рерна
冰柜
претинац за замрзавање
垃圾桶
корпа за отпад
洗碗机
машина за прање суђа

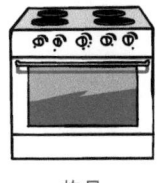

炊具

шпорет

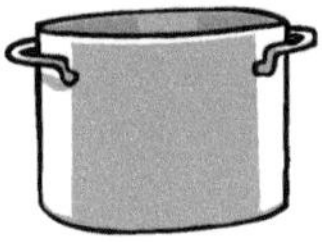

锅

лонац

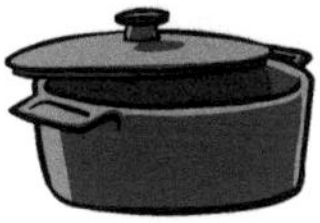

铸铁锅

гвоздени лонац

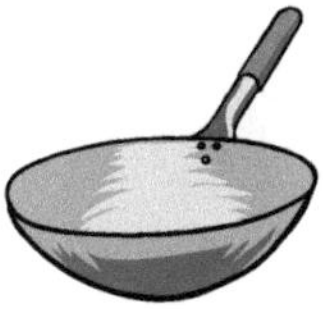

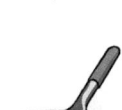

炒锅

вок / кадаи

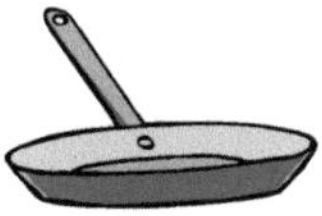

平底锅

тава

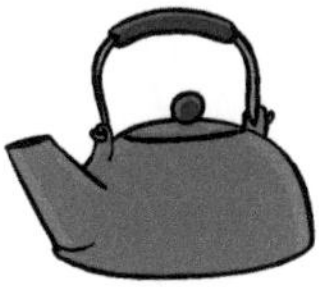

水壶

кувало за воду

蒸锅

кувало на пару

烤盘

лим за печење

陶瓷锅

посуђе

马克杯

чаша

碗

посуда

筷子

штапићи за јело

长柄勺

кутлача

铲子

лопатица

搅拌器

пењача

滤网

сито за кување

筛子

сито

磨碎机

рибеж

研钵

мужар

烧烤

роштиљ

明火

огњиште

菜板
......
даска

开瓶器
......
вадичеп

罐子
......
конзерва

开罐器
......
отварач конзерви

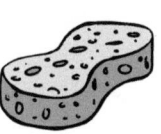

隔热手套
......
крпа за лонац

水槽
......
судопер

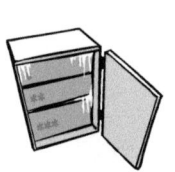

刷子
......
четка

海绵
......
сунђер

搅拌机
......
миксер

冷藏箱
......
замрзивач

奶瓶
......
флашица за бебе

水龙头
......
славина за воду

开面杖
......
оклагија

浴室

купаоница

淋浴
туш
供暖设备
грејање
毛巾
пешкир
浴帘
завеса за туш
泡沫浴
пенушава купка
浴缸
када
玻璃杯
чаша
洗衣机
машина за прање веша
水龙头
славина за воду
瓷砖
плочице
便壶
тута
水槽
судопер

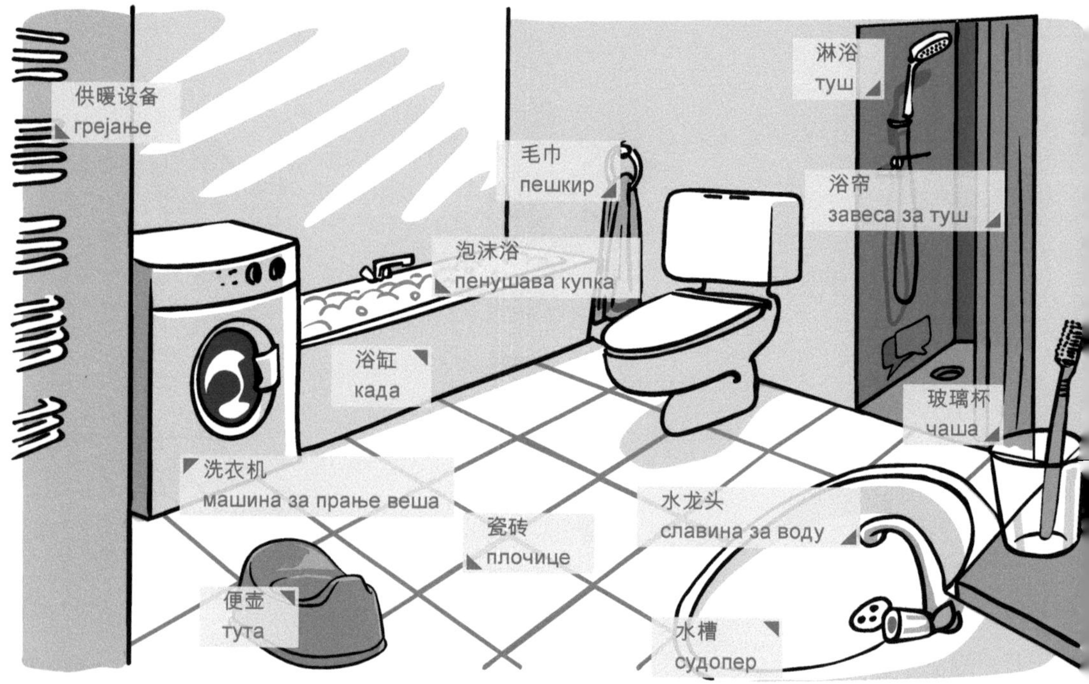

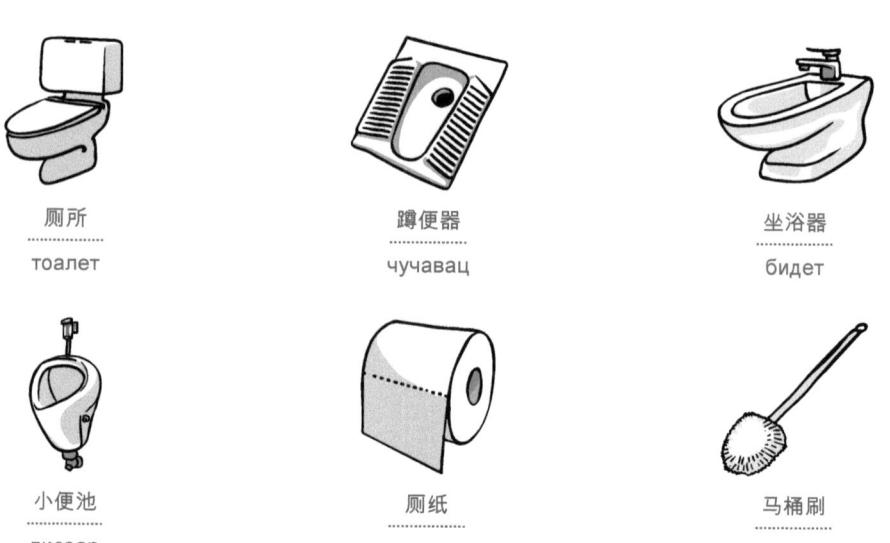

厕所

тоалет

蹲便器

чучавац

坐浴器

бидет

小便池

писоар

厕纸

тоалетни папир

马桶刷

четка за тоалет

牙刷

четкица за зубе

牙膏

паста за зубе

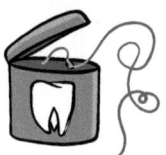

牙线

конац за зубе

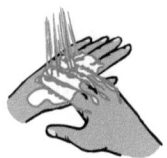

洗

прати

手持式喷淋头

туш ручица

冲洗器

туш за прање интимних делова

洗脸盆

лавор

擦背刷

четка за прање леђа

肥皂

сапун

沐浴露

гел за туширање

洗发水

шампон

法兰绒

крпа за прање

排水

одвод

乳霜

крема

除臭剂

дезодоранс

镜子

огледало

手镜

козметичко огледало

剃须刀

бријач

剃须泡沫

пена за бријање

须后水

лосион за после бријања

梳子

чешаљ

刷子

четка

吹风机

фен за косу

喷发定型剂

спреј за косу

化妆品

шминка

唇膏

руж за усне

指甲油

лак за нокте

化妆棉

вата

指甲剪

маказе за нокте

香水

парфем

洗漱包

козметичка торбица

凳子

столица

计重秤

вага

浴袍

огртач

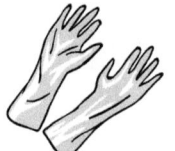

橡胶手套

рукавице за чишћење

卫生棉条

тампон

卫生巾

уложак

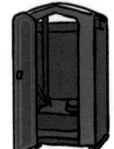

化学厕所

хемијски тоалет

儿童房

дечија соба

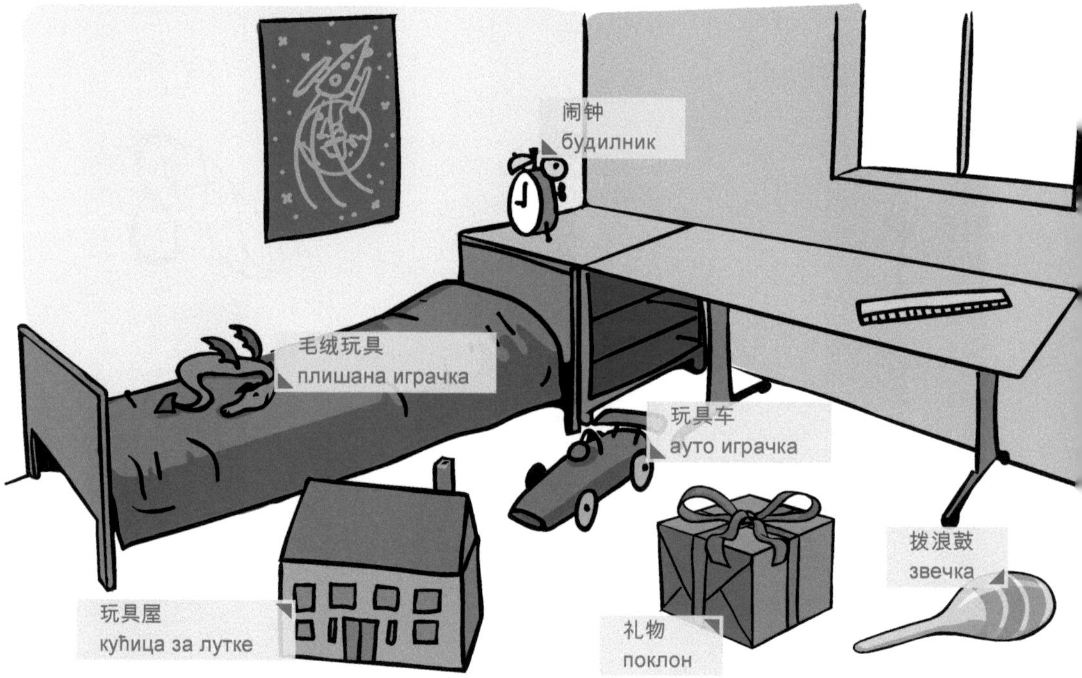

闹钟
будилник
毛绒玩具
плишана играчка
玩具车
ауто играчка
拨浪鼓
звечка
玩具屋
кућица за лутке
礼物
поклон

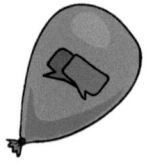

气球

балон

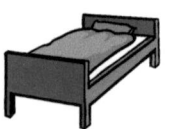

床

кревет

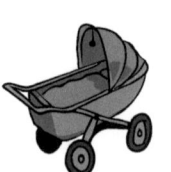

（洋娃娃用）婴儿车

дјечија колица

扑克牌

игра са картама

拼图

слагалица

SUPER MEGA

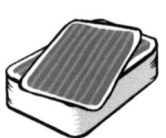

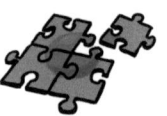

漫画

стрип

乐高积木

лего коцкице

积木玩具

коцкице за слагање

玩具人

акциони јунак

婴儿服

бенкица за бебе

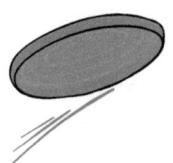

飞盘

фризби

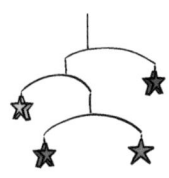

床铃玩具

висеће играчке

棋盘游戏

друштвене игре

骰子

коцка

火车模型

минијатурна жељезница

安抚奶嘴

дуда

聚会

забава

绘本

сликовница

球

лопта

洋娃娃

лутка

玩

играти

沙坑

пешчаник

秋千

љуљачка

玩具

играчка

游戏机

конзола за игре

三轮车

трицикл

泰迪熊

теди

衣柜

ормар

衣服

одећа

袜子

кратке чарапе

长袜

чарапе

紧身裤

хулахопке

围巾 шал

雨伞 кишобран

皮带 каиш

T恤 мајица

运动鞋 патике

靴子 чизме

拖鞋 папуче

凉鞋
....
сандале

鞋
....
ципеле

雨靴
....
гумене чизме

内裤
....
гаћице

胸罩
....
грудњак

背心
....
поткошуља

衣服 - одећа

45

身体

боди

裤子

панталоне

牛仔裤

фармерке

短裙

сукња

女式衬衫

блуза

衬衫

кошуља

套头衫

џемпер

卫衣

џемпер с капуљачом

西装夹克

сако

夹克

јакна

外套

мантил

雨衣

кабаница

套装

костим

连衣裙

хаљина

婚纱

венчаница

西装

оде ло

睡袍

спаваћица

睡衣

пиџама

莎丽

сари

头巾

марама за главу

包头巾

турбан

波卡

бурка

卡夫坦

кафтан

(阿拉伯式)长袍

абаја

泳衣

купаћи костим

男式泳裤

купаће гаћице

短裤

кратке панталоне

运动服

одећа за тренинг

围裙

кецеља

手套

рукавице

纽扣

дугме

眼镜

наочаре

手链

наруквица

项链

огрлица

戒指

прстен

耳环

наушница

便帽

капа

衣架

вешалица

帽子

шешир

领带

кравата

拉链

патент затварач

头盔

кацига

背带

нараменице

校服

школска униформа

制服

униформа

围兜

подбрадак

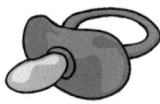

安抚奶嘴

дуда

尿不湿

пелена

办公室
канцеларија

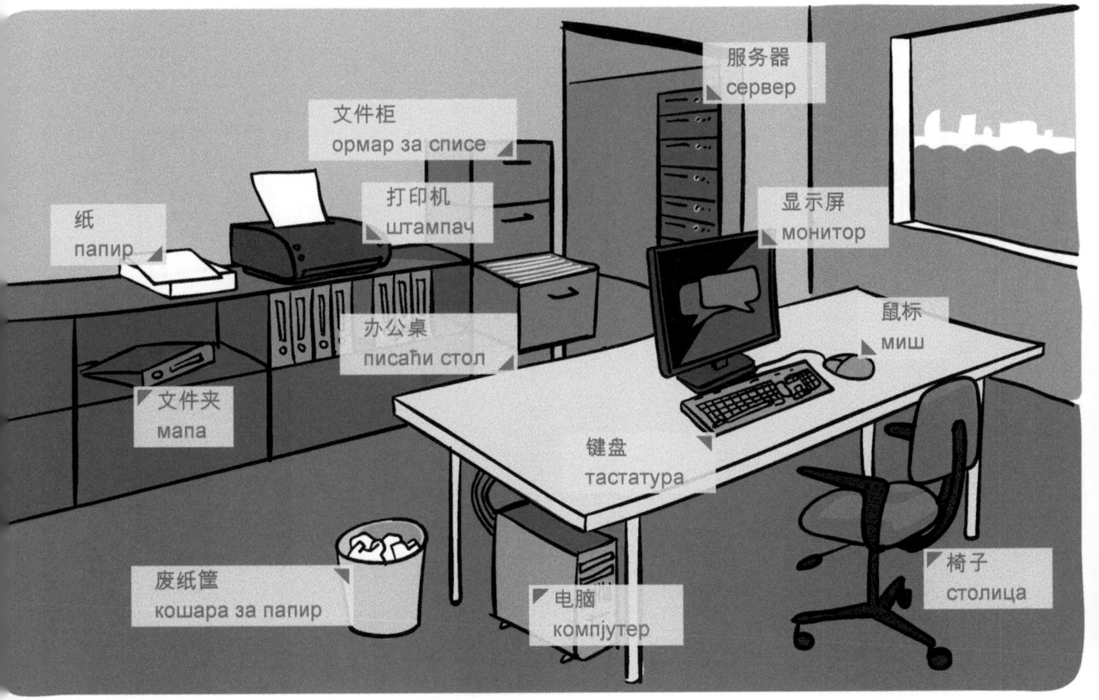

服务器
сервер

文件柜
ормар за списе

打印机
штампач

纸
папир

显示屏
монитор

鼠标
миш

文件夹
мапа

办公桌
писаћи сто

键盘
тастатура

废纸筐
кошара за папир

椅子
столица

电脑
компјутер

咖啡杯

шалица за каву

计算器

калкулатор

因特网

интернет

笔记本电脑

лаптоп

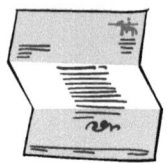

信件

писмо

消息

порука

手机

мобилни телефон

网络

мрежа

复印机

уређај за копирање

软件

софтвер

电话

телефон

插座

утичница

传真机

факс

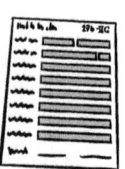

表格

формулар

文件

документ

买
кwhsoever

买
куповати

付钱
платити

交易
трговати

现金
новац

美元
долар

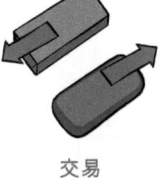

欧元
евро

日元
јен

卢布
рубља

瑞士法郎
швајцарски франак

人民币
ренминдби јуан

卢比
рупија

提款处
аутомат за новац

外币兑换处

мењачница

金

злато

银

сребро

石油

нафта

能源

енергија

价格

цена

合同

уговор

税金

порез

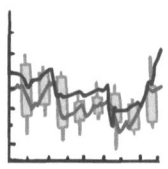

股票

деонице

工作

радити

职员

службеник

老板

послодавац

工厂

фабрика

商店

продавница

经济 - економија

职业

занимања

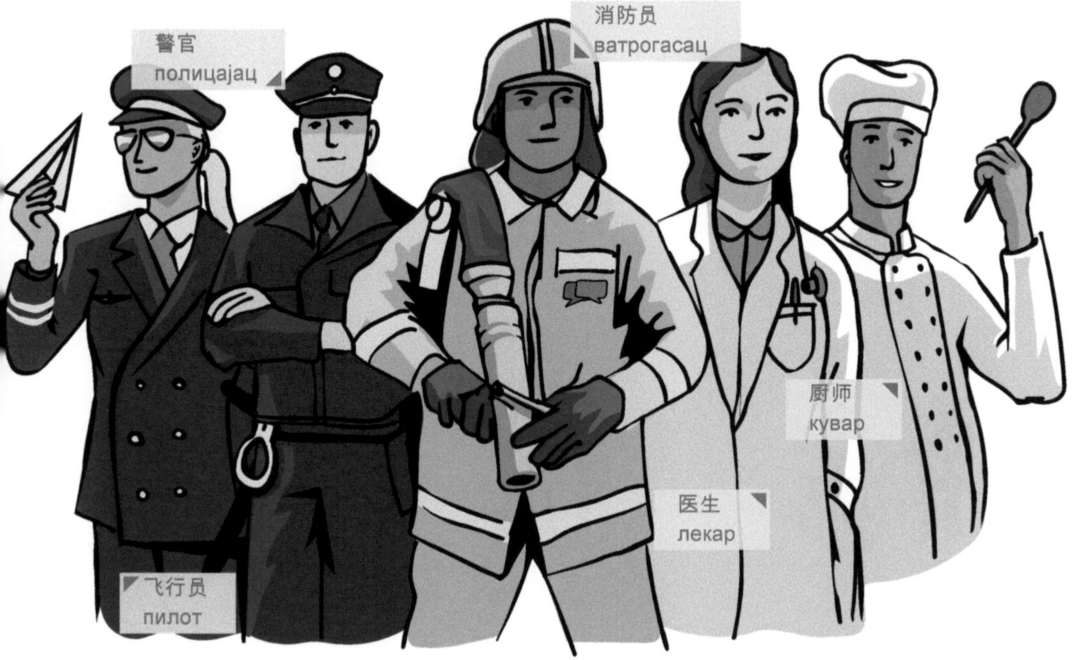

警官
полицајац
消防员
ватрогасац
厨师
кувар
医生
лекар
飞行员
пилот

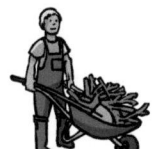

园丁

вртлар

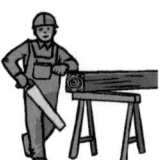

木匠

столар

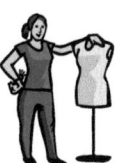

裁缝

кројачица

法官

судија

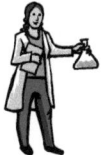

化学家

хемичар

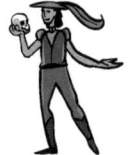

演员

глумац

公交车司机

возач аутобуса

出租车司机

возач таксија

渔夫

рибар

清洁女工

чистачица

屋顶工

кровопокривач

服务员

конобар

猎人

ловац

画家

сликар

面包师

пекар

电工

електричар

建筑工人

грађевински радник

工程师

инжењер

屠夫

месар

水管工

лимар

邮递员

поштар

士兵

војник

建筑师

архитекта

收银员

благајник

花农

цвећар

理发师

фризер

售票员

кондуктер

机械师

механичар

船长

капетан

牙医

зубар

科学家

научник

拉比

раби

伊玛目

имам

和尚

монах

牧师

свећеник

工具

алати

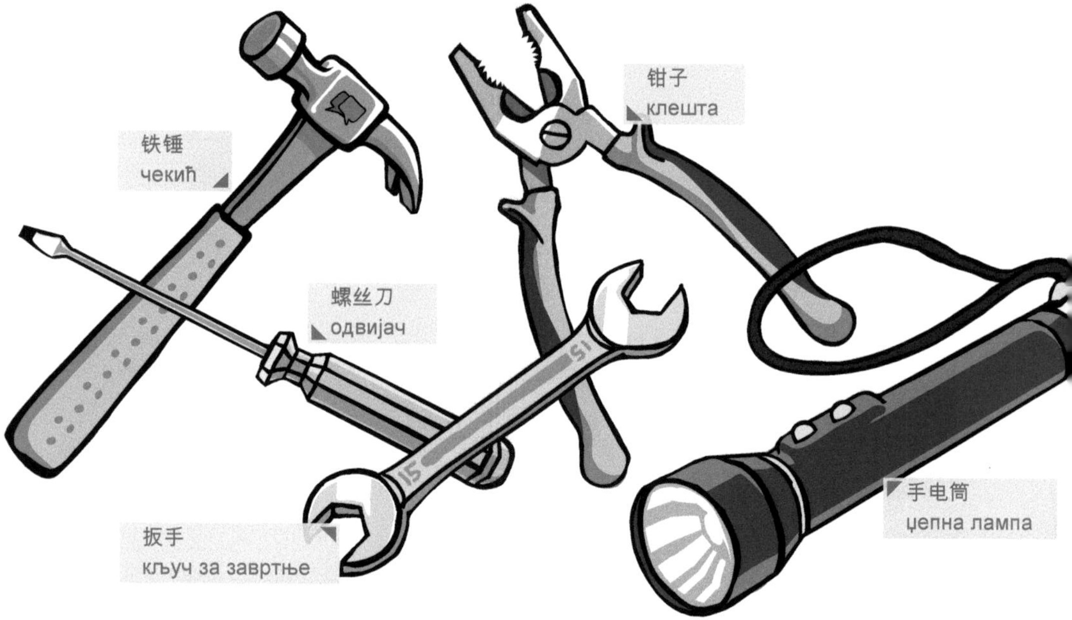

钳子
клешта
铁锤
чекић
螺丝刀
одвијач
扳手
кључ за завртње
手电筒
џепна лампа

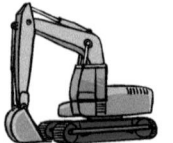

挖掘机

багер

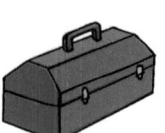

工具箱

кутија за алат

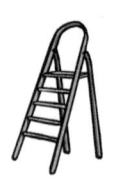

梯子

мердевине

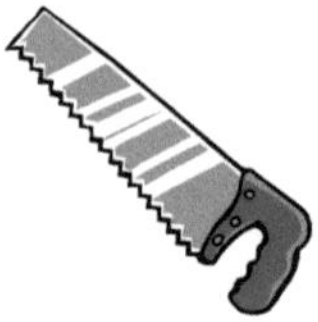

锯子

пила

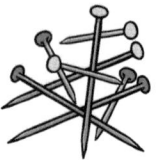

钉子

ексер

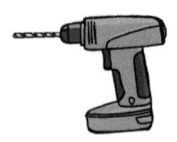

钻机

бушилица

修
....
поправити

铲子
....
лопата

靠！
....
до ђавола!

簸箕
....
лопатица

油漆桶
....
лонац за боју

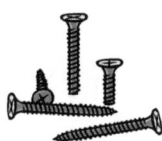

螺丝
....
завртањи

乐器

музички инструмент

扬声器
звучник

打击乐器
бубњеви

低音提琴
контрабас

小号
труба

吉他
гитара

钢琴

клавир

小提琴

виолина

贝斯

бас

定音鼓

тимпани

鼓

удараљке за бубњеве

电子琴

типке клавира

萨克斯管

саксофон

长笛

флаута

麦克风

микрофон

乐器 - музички инструмент

动物园

зоолошки врт

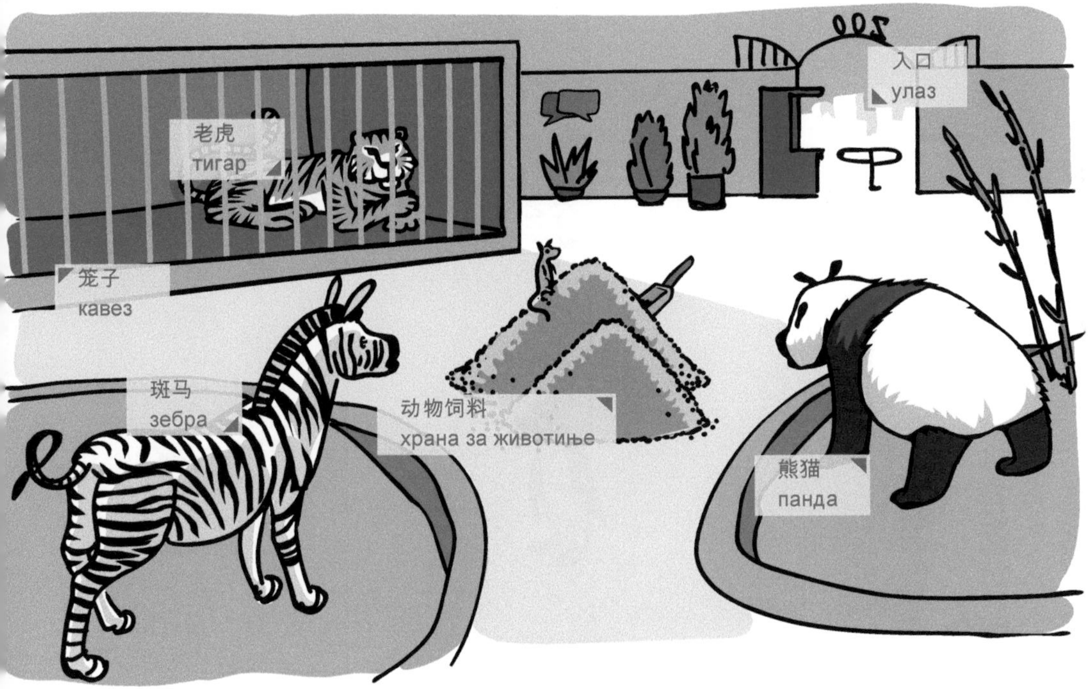

老虎
тигар
入口
улаз
笼子
кавез
斑马
зебра
动物饲料
храна за животиње
熊猫
панда

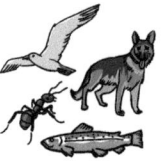

动物

животиње

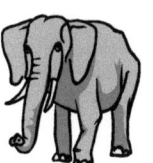

大象

слон

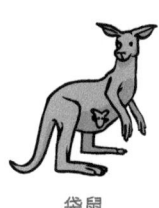

袋鼠

кенгур

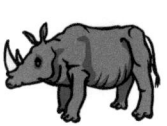

犀牛

носорог

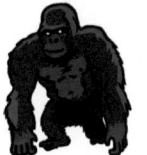

大猩猩

горила

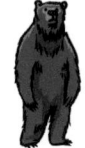

熊

медвед

骆驼

камила

鸵鸟

ној

狮子

лав

猴子

мајмун

火烈鸟

фламинго

鹦鹉

папагај

北极熊

поларни медвед

企鹅

пингвин

鲨鱼

ајкула

孔雀

паун

蛇

змија

鳄鱼

крокодил

动物园管理员

чувар у зоолошком врту

海豹

туљан

美洲豹

јагуар

矮种马
....
пони

豹
....
леопард

河马
....
нилски коњ

长颈鹿
....
жирафа

老鹰
....
орао

野猪
....
дивља свиња

鱼
....
риба

龟
....
корњача

海象
....
морж

狐狸
....
лисица

羚羊
....
газела

橄榄球
амерички ногомет

骑自行车
бициклизам

网球
тенис

篮球
кошарка

游泳
пливање

拳击
бокс

冰球
хокеј на леду

英式足球
фудбал

羽毛球
бадминтон

田径
атлетика

手球
ракомет

滑雪
скијање

马球
поло

跳
скочити

拥抱
загрлити

笑
смејати се

走路
ићи

唱
певати

祈祷
молити се

亲吻
пољубити

做梦
сањати

书写
писати

画
цртати

展示
показати

推
гурати

给
дати

拿
узети

活动 - активности

有

имати

做

чинити

当

бити

站

стојати

跑

трчати

拉

повлачити

扔

бацити

摔倒

падати

躺

лежати

等待

чекати

携带

носити

坐

седити

穿衣

облачити

睡觉

спавати

醒来

пробудити се

活动 - активности

看
....
гледати

哭
....
плакати

抚摸
....
миловати

梳头
....
чешљати

交谈
....
говорити

明白
....
разумети

问
....
питати

听
....
слушати

喝
....
пити

吃
....
јести

清理
....
поспремити

爱
....
волети

做饭
....
кухати

开车
....
возити

飞
....
летети

航行

пловити

计算

рачунати

读

читати

学习

учити

工作

радити

结婚

венчати се

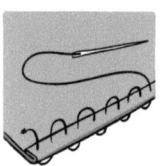

缝

шити

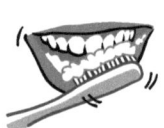

刷牙

прати зубе

杀

убити

抽烟

пушити

寄

послати

家

породица

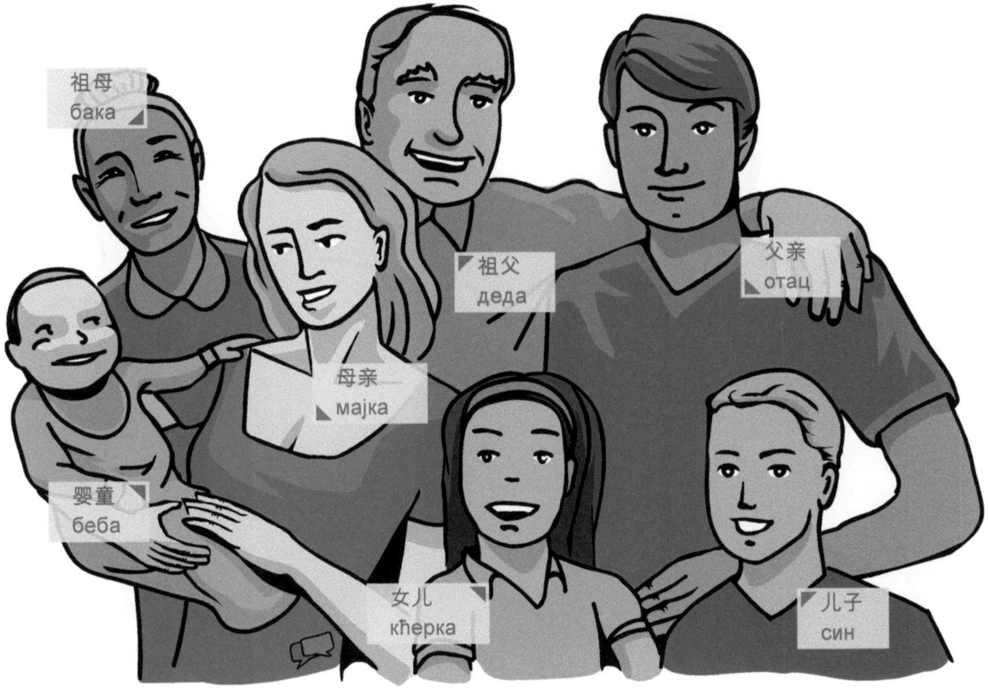

祖母
бака
祖父
деда
父亲
отац
母亲
мајка
婴童
беба
女儿
ћерка
儿子
син

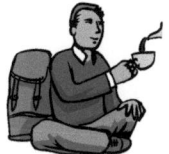

客人

гост

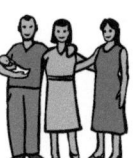

阿姨

тетка

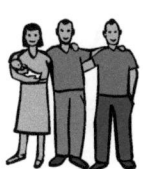

叔叔

ујак, стриц

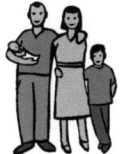

兄弟

брат

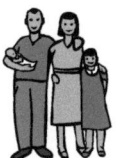

姐妹

сестра

身体

тело

前额
чело
眼睛
око
肩膀
раме
手指
прст
脸
лице
下巴
брада
手
рука
乳房
груди
腿
нога
手臂
рука

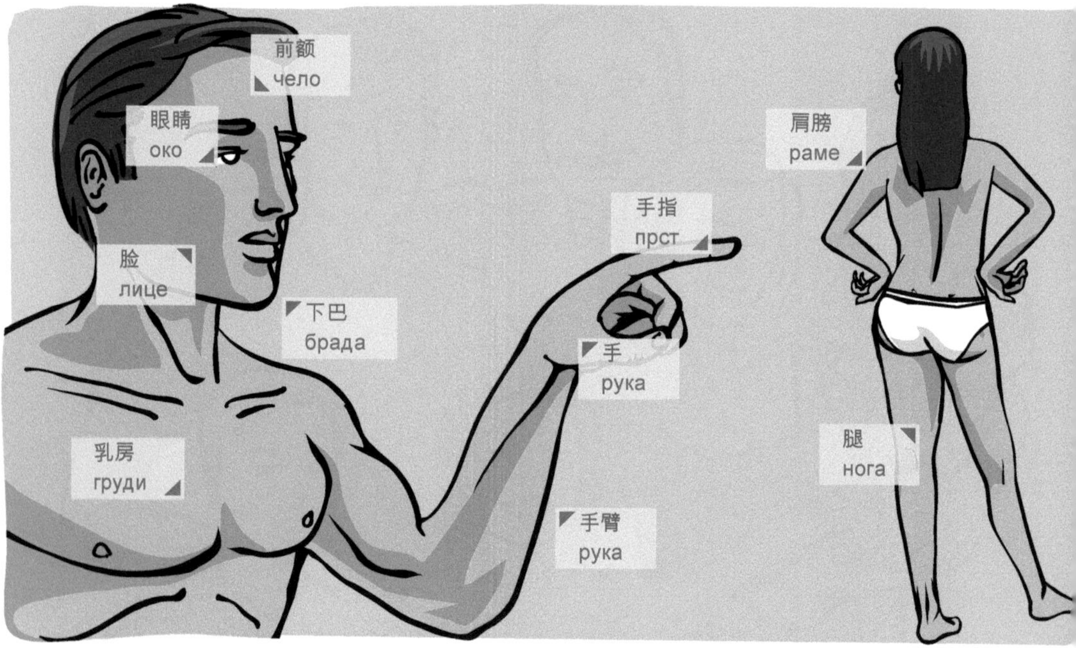

婴童

беба

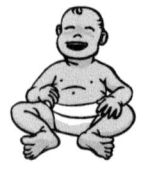

男人

мушкарац

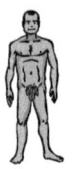

女人

жена

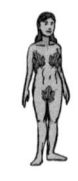

女孩

девојчица

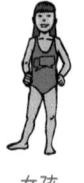

男孩

дечак

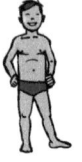

头

глава

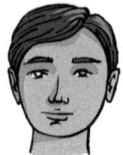

背部
леђа

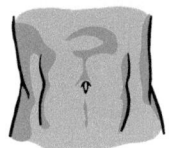

肚子
стомак

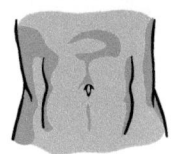

肚脐
пупак

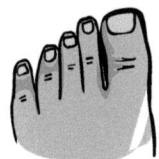

脚趾
ножни прст

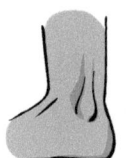

脚后跟
пета

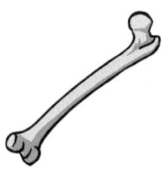

骨头
кост

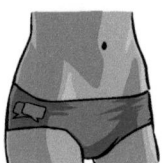

臀部
кукови

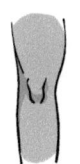

膝盖
колено

手肘
лакат

鼻子
нос

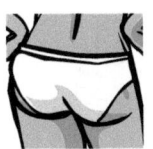

屁股
задњица

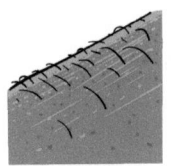

皮肤
кожа

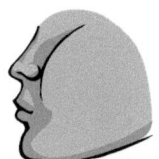

脸颊
образ

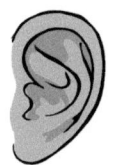

耳朵
уво

嘴唇
усна

身体 - тело

嘴

уста

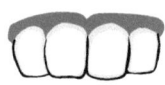

牙齿

зуб

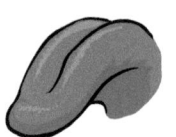

舌头

језик

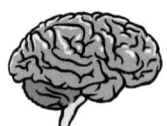

脑

мозак

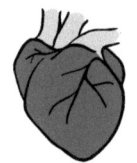

心脏

срце

肌肉

мишић

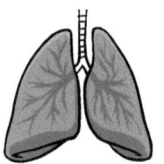

肺

плућа

肝脏

јетра

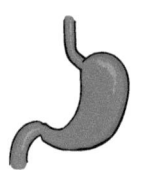

胃

желудац

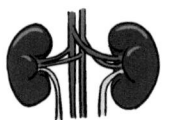

肾脏

бубрези

性交

полни однос

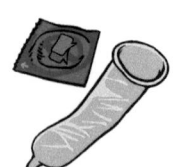

避孕套

кондом

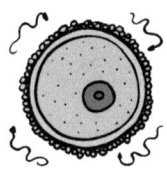

卵子

јајна ћелија

精子

сперма

怀孕

трудноћа

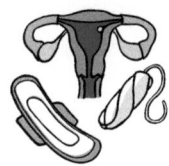

月经

менструација

阴道

вагина

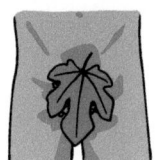

阴茎

пенис

眉毛

обрва

头发

коса

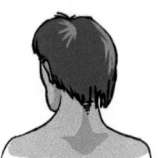

脖子

врат

医院
болница

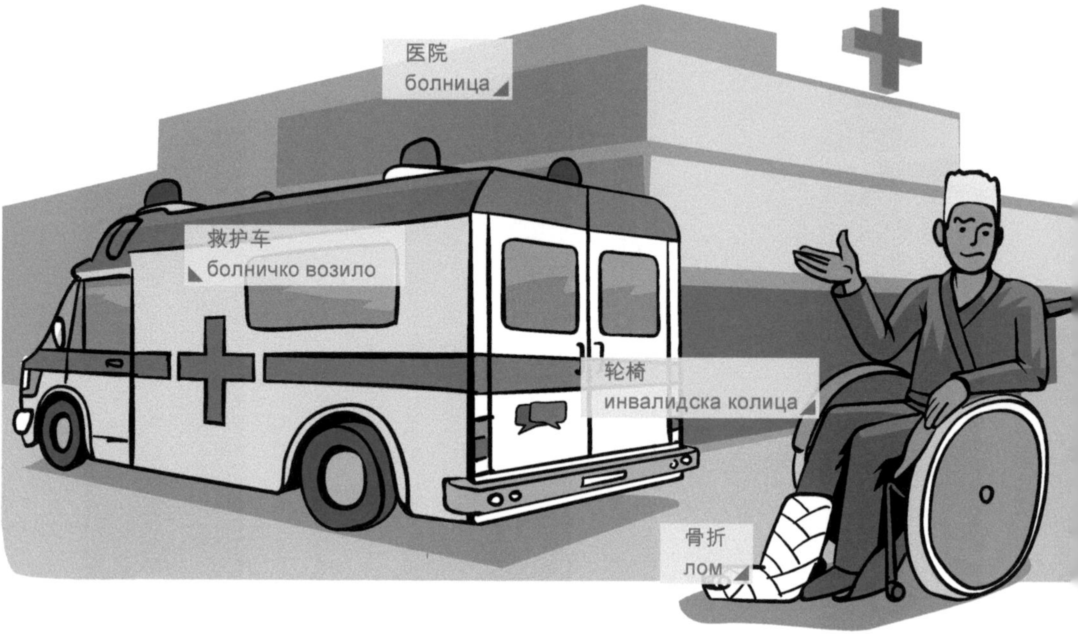

医院
болница
救护车
болничко возило
轮椅
инвалидска колица
骨折
лом

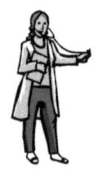

医生

лекар

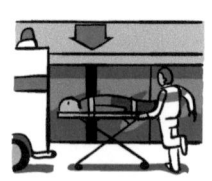

急诊室

хитна медицинска служба

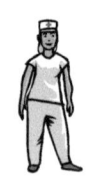

护士

медицинска сестра

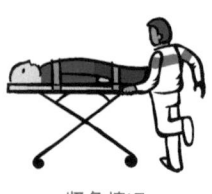

紧急情况

хитни случај

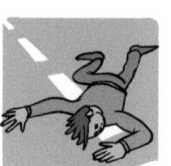

昏迷

несвест

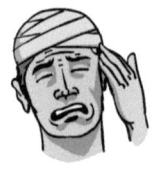

痛

бол

受伤

повреда

出血

крварење

心脏病发作

срчани удар

中风

удар

过敏

алергија

咳嗽

кашаљ

发烧

грозница

流感

грипа

腹泻

пролив

头痛

главобоља

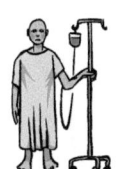

癌症

рак

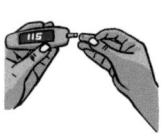

糖尿病

дијабетес

外科医生

хирург

手术刀

скалпел

手术

операција

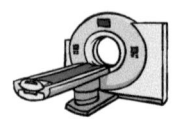

CT
цт

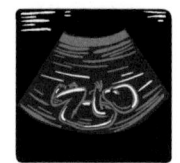

X光
рентген

超声波
ултразвук

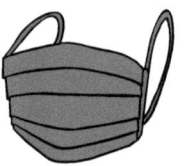

口罩
маска

疾病
болест

候诊室
чекаона

拐杖
штака

石膏
фластер

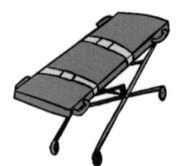

绷带
завој

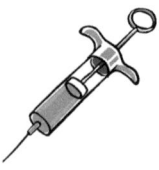

注射
ињекција

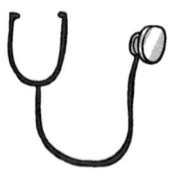

听诊器
стетоскоп

担架
носила

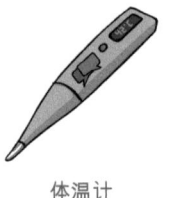

体温计
термометар

出生
рођење

超重
прекомерна тежина

助听器

слушни апарат

消毒液

средство за дезинфекцију

感染

инфекција

病毒

вирус

艾滋病

хив / аидс

药物

медицина

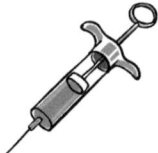

接种疫苗

вакцинација

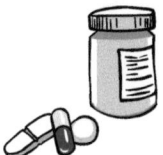

药片

таблете

药丸

пилула

急救电话

хитни позив

血压计

уређај за мерење притиска

生病/健康

болесно / здраво

医院 - болница

救命！

помоћ!

警报

аларм

突击

насртај

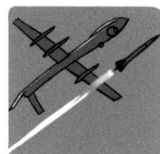

攻击

напад

危险

опасност

紧急出口

излаз у случају нужде

着火啦！

пожар!

灭火器

противпожарни апарат

意外

незгода

急救箱

кутија прве помоћи

呼救信号

сос

警察

полиција

欧洲
......
Европа

北美洲
......
Северна Америка

南美洲
......
Јужна Америка

非洲
......
Африка

亚洲
......
Азија

澳洲
......
Аустралија

大西洋
......
Атлантик

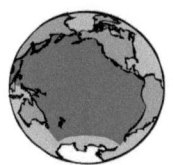

太平洋
......
Пацифик

印度洋
......
Индијски океан

南冰洋
......
Антарктички океан

北冰洋
......
Арктички океан

北极
......
Северни рол

南极

Јужни рол

南极洲

Антарктик

地球

земља

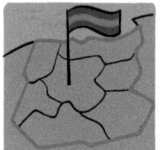

陆地

земља

海

море

岛

оток

国家

нација

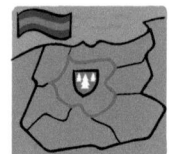

国家

држава

钟面

бројчаник сата

时针

сатна казаљка

分针

минутна казаљка

秒针

секундна казаљка

现在几点？

Колико је сати?

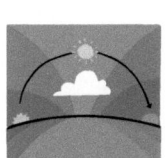

天

дан

时间

време

现在

сада

电子表

дигитални сат

分

минута

时

час

周

седмица

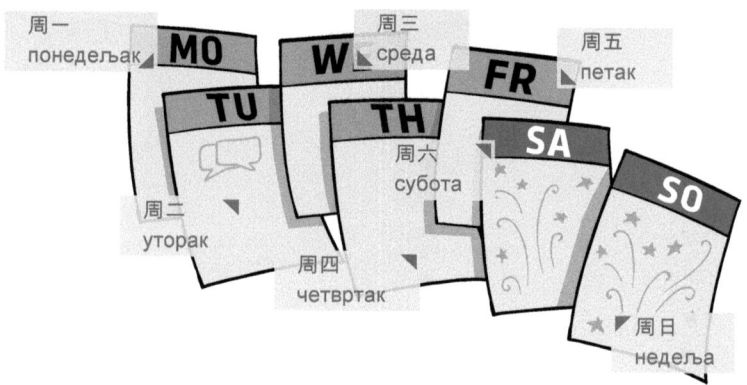

周一 понедељак
周三 среда
周五 петак
周二 уторак
周六 субота
周四 четвртак
周日 недеља

昨天

····················

јуче

今天

····················

данас

明天

····················

сутра

早晨

····················

јутро

中午

····················

подне

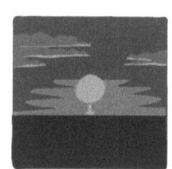

晚上

····················

вече

工作日

····················

радни дани

周末

····················

викенд

雨
киша

彩虹
дуга

风
ветар

雪
снег

春
пролеħе

夏
лето

秋
jесен

冬
зима

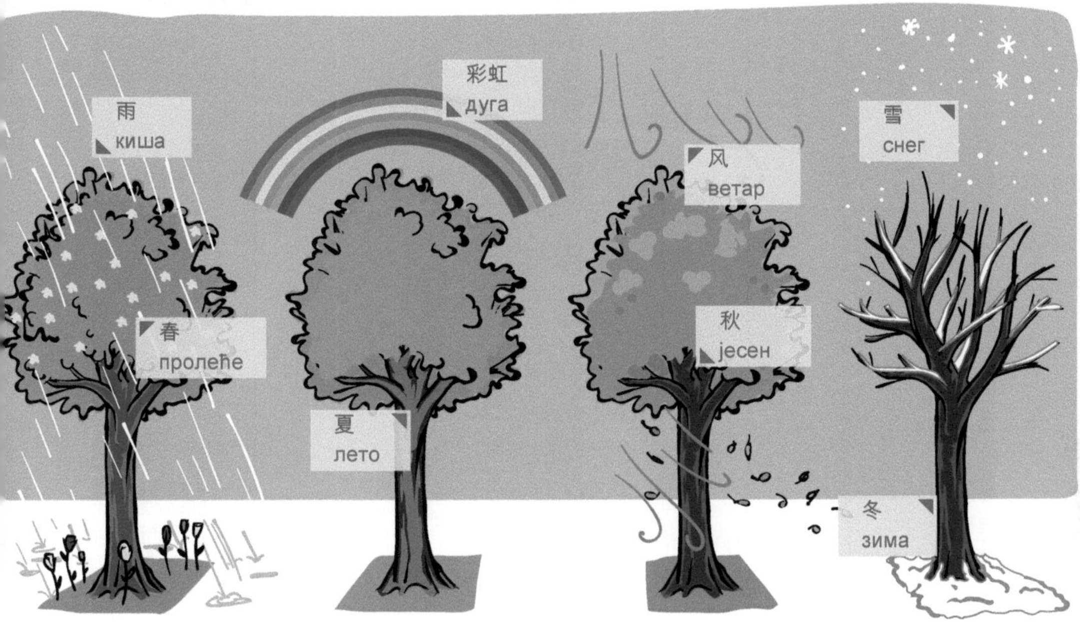

天气预报
метеоролошка прогноза

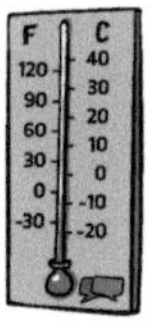

温度计
термометар

阳光
сунчана светлост

云
облак

雾
магла

潮湿
влажност ваздуха

闪电

муња

打雷

грмљавина

风暴

олуја

冰雹

туча

季风

монсун

洪水

поплава

冰

лед

一月

јануар

二月

фебруар

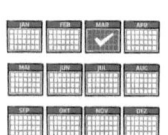

三月

март

四月

април

五月

мај

六月

јуни

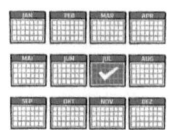

七月

јули

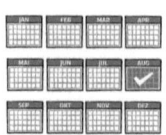

八月

август

年 - година

九月

септембар

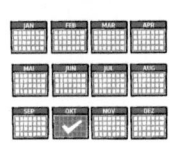

十月

октобар

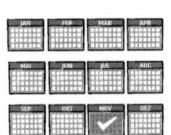

十一月

новембар

十二月

децембар

形状

облици

圆形

круг

正方形

квадрат

长方形

правоугао

三角形

троугао

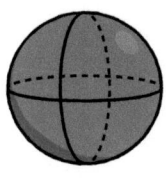

球体

кугла

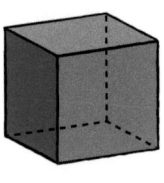

立方体

коцка

白
бела

黄
жута

橙
наранџаста

粉
ружичаста

红
црвена

紫
љубичаста

蓝
плава

绿
зелена

棕
смеђа

灰
сива

黑
црна

很多/少许

много / мало

生气/平静

љутито / мирно

美/丑

лепо / ружно

首/尾

почетак / крај

大/小

велико / малено

明/暗

светло / тамно

兄弟/姐妹

брат / сестра

干净/肮脏

чисто / прљаво

完整/缺失

потпуно / непотпуно

白天/晚上

дан / ноћ

死/生

мртво / живо

宽/窄

широко / уско

可食用/非食用

jestivo / nejestivo

邪恶/善良

зло / добро

兴奋/无聊

узбуђено / досадно

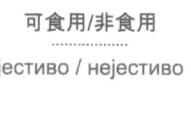

胖/瘦

дебело / мршаво

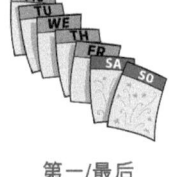

第一/最后

на почетку / на крају

朋友/敌人

пријатељ / непријатељ

满/空

пуно / празно

硬/软

тврдо / мекано

重/轻

тешко / лагано

饿/渴

глад / жеђ

生病/健康

болесно / здраво

非法/合法

илегално / легално

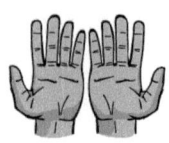

聪明/愚笨

паметно / глупо

左/右

лево / десно

近/远

близу / далеко

新/旧

ново / половно

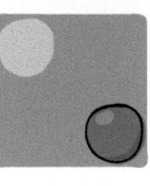

没有/有些

ништа / нешто

老/幼

старо / младо

开/关

укључено / искључено

打开/合上

отворено / затворено

安静/吵闹

тихо / гласно

富/穷

богато / сиромашно

对/错

тачно / погрешно

粗糙/光滑

храпаво / глатко

伤心/高兴

тужно / сретно

短/长

кратко / дуго

慢/快

полако / брзо

湿/干

мокро / сухо

温暖/凉爽

топло / хладно

战争/和平

рат / мир

бројеви

0

零
....
нула

1

一
....
један

2

二
....
два

3

三
....
три

4

四
....
четири

5

五
....
пет

6

六
....
шест

7

七
....
седам

8

八
....
осам

9

九
....
девет

10

十
....
десет

11

十一
....
једанаест

12

十二

дванаест

13

十三

тринаест

14

十四

четрнаест

15

十五

петнаест

16

十六

шестнаест

17

十七

седамнаест

18

十八

осамнаест

19

十九

деветнаест

20

二十

двадесет

100

百

стотину

1.000

千

хиљаду

1.000.000

百万

милион

数字 - бројеви

英语
....
енглески

美式英语
....
амерички енглески

普通话
....
мандарински кинески

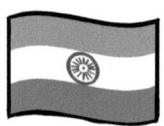

印地语
....
хиндски

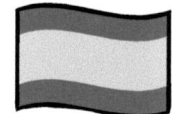

西班牙语
....
шпански

法语
....
француски

阿拉伯语
....
арапски

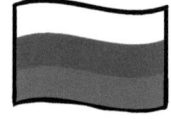

俄语
....
руски

葡萄牙语
....
португалски

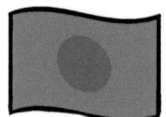

孟加拉语
....
бенгалски

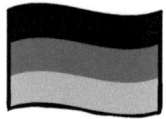

德语
....
немачки

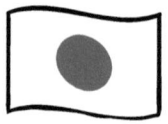

日语
....
јапански

我

ja

你

ти

他/她/它

он / она / оно

我们

ми

你们

ви

他们

они

谁？

Ко?

什么？

Шта?

怎样？

Како?

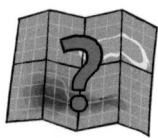

哪里？

Где?

什么时候？

Када?

名字

име

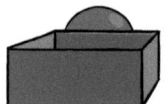

后面

иза

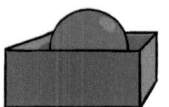

里面

у

前面

испред

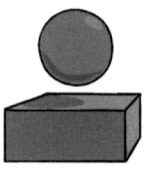

上方

преко

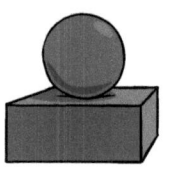

上面

на

下面

испод

旁边

поред

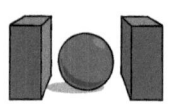

中间

између

地点

место